이찬수 목사의

감사
365

감사가 능력이 되는 오늘 하루

규장

오늘 하루,
감사가 당신의 능력이
되기를 바라며

_____ 님께

드립니다.

여전히 부족한 모습으로 살아가고 있지만,

내 삶의 궤도를 인도해주신

하나님께 정말 감사드린다.

우리의 삶이

어제보다 오늘이,

오늘보다 내일이

더 아름다운 인생이 되길 소원한다.

인간은 감탄을 먹고 자란다는 요지의 강의를 들은 적이 있다. 이 강의를 듣다 문득 영국의 수필가 아이작 월턴(Izaak Walton)의 명언이 떠올랐다. "하나님께서는 두 개의 거처에 거하신다. 하나는 천국이요, 다른 하나는 사랑하고 감사하는 마음이다." 그때 나는 깨달았다. 하나님도 감탄 받고 싶어 하신다는 것을.

"인류의 첫 번째 범죄는 고마움의 결핍에서 비롯된 것"이라는 말은 사실이다. 우리 삶에 치명적인 감사의 결핍을 이제는 방치할 수 없다. 오늘부터 '감사 회복 운동'을 시작하자. 매일매일 감사로 가득 채우자.

"감사는 사철 내내 사용되는 조미료다. 감사는 어떤 한 날에 국한될 수 없다"(린네).

이찬수

일 년을 되돌아보며

하나님이 이미 내게 주신

여러 가지 것들에

자족하는 마음이 있는지,

그리고 그것이

감사로 연결되고 있는지

점검하는 시간을 가져보면 좋겠다.

1

January

give thanks

이 땅의 모든 교회의

바탕색이 '감사'로 물들기를,

소그룹 구역모임이나 예배 모임도

감사의 바탕 안에서 이루어지기를,

각 가정 안에도 감사가 물밀듯 흐르기를.

감사는 기적이다.

우리의 가정과 우리의 삶이

죽은 고목 같을지라도

감사로 인해 새로운 꽃이 피는

놀라운 역사가 시작되리라 믿는다.

범사에 우리 주 예수 그리스도의 이름으로

항상 아버지 하나님께 감사하며

엡 5:20

감사는 결단만 한다고 되는 것이 아니다.

습관을 만들어야 한다.

감사가 생활방식이 될 때까지

지속적으로 몸부림쳐야 한다.

내 인생에 감사의 길이 만들어질 때까지

계속 그 길을 걸어야 한다.

감사가 넘치는 삶이

믿음으로 굳게 서는 삶이다.

하나님의 은혜로 이 말세에도

항상 기뻐하고 범사에 감사하는

삶을 살아내길 바란다.

하나님께 감사의 고백을 드리는 것은

하나님을 인정해드리는 것이며,

그것을 말로 선포하는 것이다.

쾌락을 추구하고 탐욕에 찌들어 있는

세상 사람들의 길을 따라가지 않고

각자가 자신의 위치에서

소박하고 조촐한 삶에

만족하며 기뻐한다면

그것이 하나님께 영광이 된다.

하나님의 은혜를 은혜로 알아서

하나님께 감사할 수 있을 때

하나님께 영광을 돌릴 수 있다.

오늘부터 불평의 길엔 조금씩 발길을 끊고

감사의 길을 닦아 나가자.

그렇게 세월이 흘러 나이가 더 들면

우리에게도 감사의 내공이 쌓이지 않겠는가?

우리가 추구해야 하는 것은

화려한 보석으로 치장한 잔치에서

산해진미를 먹어서 기쁜 것이 아니라

나를 살피시고 구원하신 예수 그리스도와

그분의 십자가 은혜로 말미암아

기쁨과 감격이 넘치는 잔치여야 한다.

그것이 우리의 삶의 특징이 되어야 한다.

give thanks

인생의 운전대를

하나님께 온전히 맡겨보라.

전에 없던 희한한 일들이

연속으로 일어나는 것을

경험하게 될 것이다.

그때마다 감사함으로 누려라.

나보다 더 어려운 이웃에게

고개를 돌릴 수 있기를 바란다.

눈물짓고 있는 이웃은 없는지,

고독한 사람은 없는지 돌아보며

그 손을 잡아줄 수 있기를 바란다.

이것이 깊이 있는 진정한 감사가 아니겠는가?

한꺼번에 열 계단 오르려고 하면

가랑이만 찢어진다.

작은 도전부터 시작하여

작은 성취감을 누리는 것이 중요하다.

이 점에서 나는 늘 하나님께 감사한다.

삶 속에서 이런 작은 성취감을

많이 누리게 해주셨기 때문이다.

하나님께서는 우리에게 주신 작은 것을

기뻐하고, 소중히 여기고, 감사하는 사람에게

점점 더 많은 것을 주신다는 것을

우리는 삶 속에서 경험으로 알고 있다.

감사함으로 여호와께 노래하며

수금으로 하나님께 찬양할지어다

시 147:7

너희는 여호와께 감사하며

그의 이름을 불러 아뢰며

그가 행하신 일을

만민 중에 알릴지어다

대상 16:8

당신은 영적 성숙을 위해

지금 어떤 연습과 훈련을 거듭하고 있는가?

예수 그리스도를 닮은 인격적인 깊이를 이루겠다고

도전하고 또 도전하는 몸부림이 있는가?

예수 믿는 사람들은

늘 하나님께 나아가려고 애써야 한다.

우리는 하나님께 잘 나아가지도 않을뿐더러

그나마 나갈 때면 이것 해달라, 저것 해달라

청구서를 들고 나간다.

그러면 안 된다.

하나님 앞에 늘 감사함으로

나아가야 한다.

다윗이 비참한 상황에서도

감사와 찬양을 드릴 수 있었던 것은

그가 그렇게 하기로 결단했기 때문이다.

어떤 상황에서도 감사와 찬양을 잃지 않겠다고

결단하고 선포했기 때문에

수치스러운 자리에 빠졌어도

감사할 수 있었던 것이다.

고통 중에서도 무너지지 않으려고

안간힘을 다할 때,

그 과정을 되돌아보니

아픔만 있었던 게 아니라,

거기에 하나님의 은혜가 있었다.

그래서 나의 인생이

감사로 채워졌다.

하나님이 우리 기도에 응답해주실 때는

감사가 터져 나오지만,

거절하신 기도에 감사하기는 쉽지 않다.

풍랑에서 벗어난 후에는

누구라도 기쁨에 넘쳐 감사할 수 있지만,

아픔과 절망 중에 어떻게 감사할 수 있겠는가?

이르되 감사하옵나니

옛적에도 계셨고 지금도 계신

주 하나님 곧 전능하신 이여

친히 큰 권능을 잡으시고

왕 노릇 하시도다

계 11:17

항상 우리를

그리스도 안에서 이기게 하시고

우리로 말미암아 각처에서

그리스도를 아는 냄새를 나타내시는

하나님께 감사하노라

고후 2:14

인생에서

내가 그토록 원하는 기쁨만이

선물의 재료가 아니라

나를 우울하게 하고

너무나 힘들게 하는 것조차도

하나님의 선물 같은

기쁘고 감사한 삶을 사는 데 재료가 된다.

give thanks

다니엘은 어려운 상황 속에서도
감사를 놓치지 않았다.
이는 그가 여전히
하나님을 신뢰하고 있다는
의지의 표현이다.
이것이 감사의 의미다.

하나님과의 소통에서 중요한 것이 찬양이다.

'이 모든 일은 내가 잘나서

이루어진 것이 아니라

하나님의 은혜로 된 것입니다'라는

고백과 함께 그 공로를 하나님께 돌려드리고

감사를 표현하는 것이다.

우리의 많은 도전들이 왜 실패하는가?

하나님을 의지하는 데가 아니라

사람을 의지하고

자기 자신을 의지하는 데로 나아가기 때문이다.

피할 수 없다면 즐기라는 말이 있지만,

믿는 우리는 거기서 한 걸음 더 나아가야 한다.

피할 수 없다면 그것을 자족의 도구로 사용해보라.

그것을 기어이 자족을 연습하는 도구로 만들어버리면

하나님이 반드시 도와주신다.

항상 기뻐하라 쉬지 말고 기도하라

범사에 감사하라

이것이 그리스도 예수 안에서

너희를 향하신 하나님의 뜻이니라

살전 5:16-18

이러므로 우리가 하나님께 끊임없이 감사함은

너희가 우리에게 들은 바

하나님의 말씀을 받을 때에

사람의 말로 받지 아니하고

하나님의 말씀으로 받음이니

진실로 그러하도다 이 말씀이 또한

너희 믿는 자 가운데에서 역사하느니라

살전 2:13

감사가 내 삶의 생활방식이 될 때까지

포기하지 말고 감사를 추구해야 한다.

그렇게 감사의 길을 만들어가는 우리가 되자.

장미꽃 냄새가 만발한 곳에서

감사하는 것이 무슨 실력인가?

장미꽃 가시가 온통 찔러대는 상황에서도

하나님을 신뢰하기에

그 가시 속에서 장미꽃을 피우시는

하나님을 볼 수 있는 눈,

이것이 영적 실력 아닌가.

사실 우리는 지금

은행에서 번호표 뽑아놓고 기다리듯이

죽음을 대기하는 인생 아닌가?

그렇다면 어떻게 죽을 것인가,

또 살아 있는 동안에는

어떻게 살 것인가를

깊이 생각해야 할 것이다.

우리가 감사를 회복하려면

책임 전가와 불평하는 태도를 버리고,

역동적인 현재를 회복하는 것이 중요하다.

그리고 하나 더 기억할 것이 있다.

사람을 소중히 여기시는 예수 그리스도이다.

감사해야 할 이유를

따지고 분석하는 것도 필요하겠지만,

때로는 군인이 명령에 순종하듯

단순한 마음으로 감사의 삶을 결단해야 한다.

그러면 그 결단 속에

감사할 수 있는 힘과 능력이 생기는 것을

경험하게 될 것이다.

나는 선행하는 감사를 위해 몸부림쳤다.

모든 역경을 다 이겨낸 후에 하는

감사도 귀하지만

고난의 한가운데서 드리는

선행하는 감사가 내 삶의 능력이었다.

하나님의 선물 같은

아름다운 인생을 살기 위해

우리에게는 두 가지 숙제가 있다.

첫째는 하나님을 인식하고,

하나님께 승복하는 훈련을

계속해나가야 한다는 것이고,

둘째는 오늘 이 순간을

감사함으로 누리는 것이다.

우리는 평안한 것에 감사하고,

건강 주신 것에 감사하고,

직장생활을 잘하게 해주신 것에 감사하고,

나를 도와주는 사람이 많은 것에 감사한다.

이런 감사도 당연히 드려야 하지만,

그렇지 않은 경우에도 감사할 수 있어야 한다.

하나님이 우리를 위해 주신

선물 같은 어려움이나 고난도 많으니까.

감사할 수 있는 상황이

감사를 낳는 것이 아니라

감사하기로 결단했기 때문에

감사할 수 있는 것이다.

자족에도, 감사에도 등급이 있다.
얕은 감사가 있는가 하면
깊은 감사가 있고,
덜 성숙한 감사가 있는가 하면
더 성숙한 감사가 있다.
그 바탕에는 내가 어느 정도
자족을 배웠는가가 깔려 있다.

감사로 제사를 드리는 자가

나를 영화롭게 하나니

그의 행위를 옳게 하는 자에게

내가 하나님의 구원을 보이리라

시 50:23

오직 나는 가난하고 슬프오니

하나님이여 주의 구원으로 나를 높이소서

내가 노래로 하나님의 이름을 찬송하며

감사함으로 하나님을 위대하시다 하리니

시 69:29,30

따지지 말고 감사해보라.

감사하기로 결단해보라.

순종함으로 이론과 논리를 뛰어넘는

감사의 삶을 살아보라.

근심스러운 문제가 찾아오면,

과거에 이와 유사한 일이 있었을 때

해결해주시고 은혜 주셨던 것에 대한

감사를 기억하고 회복하여,

감사함으로 하나님께 나아가자.

그러면 그것이 능력이 된다.

주께서 나를 내 원수들에게서 구조하시니

주께서 나를 대적하는 자들의 위에 나를 높이 드시고

나를 포악한 자에게서 건지시나이다

여호와여 이러므로 내가 이방 나라들 중에서

주께 감사하며 주의 이름을 찬송하리이다

시 18:48,49

겉으로 보기에는

곡식과 새 포도주와 양털과 같은

소중한 재산을 잃어버리는 것이

아픔이고 불행 같지만,

사실은 더 큰 불행을 막기 위한

하나님의 배려임을 알아야 한다.

우리는 감사가 계속 축적되도록

감사의 길을 만들어나가야 한다.

다니엘은 얼마나 감사의 길이 잘 나 있으면

문제가 해결되지도 않았는데

감사의 고백이 툭 튀어나올 수 있었겠는가?

장래가 어떻게 될지 모르는 마음의 불안,

너무너무 이해된다.

그러나 내일 일은 내일이 염려할 것이라는

예수님의 말씀처럼 걱정은 미루어놓고

하나님이 주신 오늘 하루를 즐기면 좋겠다.

죄성을 가진 우리는

불평불만의 길을 너무 많이 만든다.

아무 생각 없이 자연스럽게 나오는 것이

불평이요 불만이다.

하지만 이것은

하나님이 바라시는 생활방식이 아니다.

우리가 변화 받은 그리스도인이라면

반드시 감사의 길을 만들어야 한다.

내가 항상 내 하나님께 감사하고

기도할 때에 너를 말함은

주 예수와 및 모든 성도에 대한

네 사랑과 믿음이 있음을 들음이니

몬 1:4,5

우리의 마음에 신앙의 도전이 일어나야 한다.

자기 자신에 대한 '거룩한 불만'을 갖길 바란다.

그리고 '나도 물 위를 걸어야겠다'라고

담대히 결단하기 바란다.

환경이 답답하고
감사가 나오지 않고
원망과 불평이 나올 때
당겨서 감사해보라.
그러면 오늘 드리는 감사가
내일의 삶에 능력이 될 것이다.

하나님이여 내 마음이 확정되었고

내 마음이 확정되었사오니

내가 노래하고 내가 찬송하리이다

내 영광아 깰지어다

비파야, 수금아, 깰지어다

내가 새벽을 깨우리로다

주여 내가 만민 중에서 주께 감사하오며

뭇 나라 중에서 주를 찬송하리이다

시 57:7-9

우리가 고통 중에 있을 때

고통당하는 현실에만 몰두하면

절대 그 고통을 이길 수 없다.

우리의 눈을 '지금'이 아니라 '영원'으로 돌릴 때

현재의 고통을 이겨내는 능력을 얻을 수 있다.

"하나님, 제가 겪고 있는 이 풍랑과 고난이

오히려 하나님의 능력이 나타나고 드러나는

기적의 도구가 되게 해주세요!"

담대히 선포했던 베드로처럼

우리도 이런 도전 정신을 회복해야 한다.

우리가 일이 잘 풀려서

감사하고 감격하면 그것도 은혜고,

그뿐만 아니라 원하지 않는 병을 만나고

아픔을 만나 낙심할 수밖에 없는

상황이라 할지라도

하나님께서 함께하신다면

이런 아픔과 고난조차도

하나님의 은혜임을 기억해야 한다.

객관적으로 풍요로운 것이 많아서
감사하는 것이 아니라,
어려운 가운데서도 감사를 선택했기 때문에
감사할 수 있는 것이다.
그리고 감사를 택했기 때문에 행복한 것이다.

'부르심'이 시간적으로 과거에 해당된다면,

'소망'은 미래에 해당되는 말씀이다.

그러므로 우리는 과거에 우리에게 주셨던

부르심의 은혜를 생각할 때마다

감사하고 감격해야 한다.

우리에게 어려운 일이 찾아올 때,

그 일들을 바라보며

우리가 하나님을 더 의지하도록

이런 일들을 도구로 주셨다고 수용하는 것은

얼마나 건강한 태도이며 반응인가.

12

December

give thanks

주께서 사랑하시는 형제들아

우리가 항상 너희에 관하여

마땅히 하나님께 감사할 것은

하나님이 처음부터 너희를 택하사

성령의 거룩하게 하심과

진리를 믿음으로 구원을 받게 하심이니

살후 2:13

"응답하신 기도 감사, 거절하신 것 감사."
거절하신 것에도 감사할 수 있는 것은
하나님이 하신 모든 일은 좋은 것이라는
신뢰가 있기에 가능한 고백이다.
우리에게는 이런 힘이 있는가?

지난 한 주간을 되돌아보라.

얼마나 감사했고, 얼마나 불평했는가?

다섯 번 불평할 때 한 번 감사했다면

굉장히 성숙한 축에 속한다.

어지간한 사람은 불평 열 번 할 동안 감사 한 번,

조금 더 미숙한 사람은 불평 서른 번 할 동안

감사 한 번 했을까 말까이다.

우리에게 감사의 길이 안 나서 그렇다.

하나님이 주신 것을 하나님이 주신 것으로

깨달을 수 있는 것만으로도 귀한 일이다.

하지만 구원받은 우리,

곧 이 땅을 살아가면서도 하늘을 소망하는 우리가

그 정도 감사에 만족해서는 안 된다.

우리는 더 깊은 감사의 단계로

나아가고자 노력해야 한다.

2

February

give thanks

감사를 잃게 하는 두 가지 태도는

책임 전가와 원망이다.

그리고 또 하나 있다.

바로 '현재'가 실종된 믿음이다.

어떤 상황에서도 기뻐하고,

어떤 상황에서도 감사하며,

누가 조금 찌르더라도

허허 웃으며 포용할 수 있는 훈련,

감사 훈련과 자족 훈련이 이루어지는 곳이

바로 이 땅이다.

예수님이 말씀하신

성령님의 여러 역할 중에서

가장 중요한 것이 이것이다.

바로 '보혜사' 되셔서 우리와 함께하시는 것.

성령님이 늘 우리와 함께하시며,

우리 안에 거하여 계신다.

성령님과 나와의 관계를 생각할 때

눈물이 핑 돈다.

감사함으로 그의 문에 들어가며

찬송함으로 그의 궁정에 들어가서

그에게 감사하며 그의 이름을 송축할지어다

여호와는 선하시니 그의 인자하심이 영원하고

그의 성실하심이 대대에 이르리로다

시 100:4,5

우리의 삶 가운데 인생의 밤이 찾아오고

고난의 밤이 찾아올 때,

내가 광야에 던져진 것 같고

모든 사람이 내게 등을 돌리는 것 같은 때,

깊은 낙심과 절망 가운데 빠져 있는 그때에

현재 자신의 모습에 몰두하는 것이 아니라

장차 누리게 될 하나님의 영광의 소망을

바라보아야 한다.

우리가 형통하고, 일이 잘 풀리고,

사업이 승승장구하고,

건강하게 지내는 것들에 대해서만

감사하는 것이 아니라

내 인생길에 간혹 찾아오는 광야의 길, 고통의 길,

눈물 없이는 회상할 수 없는 아픔 속에서도

쓰레기통에서 장미꽃을 피워내는 것처럼

감사 제목을 뽑아내야 한다.

믿는 사람들 사이에서
내가 받은 은혜를 나타내는 것을
'간증'이라고 하고,
믿지 않는 사람을 향해
그 사실을 선포하는 것은 '전도'라고 하는데,
우리에게는 하나님을 향한 감사뿐만 아니라
사람들을 향한 간증과 전도,
이 두 가지가 함께 있어야 한다.

세상 사람은 두 종류로 구분할 수 있다.

하나는 모세처럼 자신을 연단시키고 다듬어주는

조련사가 있는 인생,

또 하나는 사사 시대의 사람들처럼

자신의 거친 성정을 다듬어줄

조련사가 없는 인생이다.

우리가 누군가의 손에 의해

훈련받을 수 있다는 것,

그 자체가 우리에게 은혜이자 축복이다.

우리가 감사함으로 그 앞에 나아가며

시를 지어 즐거이 그를 노래하자

여호와는 크신 하나님이시요

모든 신들보다 크신 왕이시기 때문이로다

시 95:2,3

우리가 축적해나가야 할

영적인 자산들이 많지만,

대표적인 두 가지는 기도와 감사다.

하나님 앞에 은혜를 구하면서

영적인 내공이 쌓여가는

신앙생활을 영위해야 한다.

감사는 더 큰 감사를 불러온다는

사실을 기억하면서

그동안 주신 복을 세어보자.

장애 때문에 불편한 것에 집중하지 않고

하나님이 주신 복에 집중했던 헬렌 켈러처럼

우리에게 주신 많은 복을 세어보자.

그래서 우리의 삶이

감사로 풍성한 삶이 되게 하자.

감사는 조건이 아니라 선택이다.

그리고 감사는 훈련인 동시에 능력이다.

하나님께서는 어려운 환경과 상황 속에서도

감사를 선택할 수 있는 능력을

우리에게 주셨다.

그러나 자족하는 마음이 있으면

경건은 큰 이익이 되느니라

딤전 6:6

흔히들 오늘 우리 시대를

감사를 잃어버린 시대라고 부른다.

그렇기 때문에 우리는

하나님께서 주신 은혜를

은혜로 알 뿐 아니라

그에 대한 감사를 회복해야 한다.

편 가름이 많은 이 사회 속에서

너무나 다른 우리가

예수님의 이름으로 만났지만

원망하고 불평하고 비난하는 것이 아니라

공동체적으로 감사를 표현하고,

공동체적으로 감사를 나누어야 한다.

날을 중히 여기는 자도

주를 위하여 중히 여기고

먹는 자도 주를 위하여 먹으니

이는 하나님께 감사함이요

먹지 않는 자도 주를 위하여 먹지 아니하며

하나님께 감사하느니라

롬 14:6

절망을 통해서든, 장미꽃 가시를 통해서든

얕은 감사의 자리에서 깊은 감사로

우리를 인도해주시는 하나님.

그 하나님께서 우리에게 주신

구원의 은혜를 생각하며

상황을 초월하여 항상 감사할 줄 아는

깊은 감사의 자리로 나아가게 되기를.

나그네 인생길 가운데

하나님이 나와 함께하심을 느낄 때,

그리고 내 형편과 사정을 아시며

내 기도를 듣고 계심을 느낄 때

진정한 감사가 나온다.

우리 인식 속의 하나님은
오늘 내게 떡을 주시면 전능자의 하나님이고,
하나님이 나를 다루시느라 떡을 주지 않으시면
사라져버리고 마는 분이다.
그러나 우리에게 놀라운 일을 베푸시는 것만이
전능자의 하나님은 아니다.
내 머릿속에, 내 한계 안에 가두어둔
하나님에 대한 인식을 깨뜨려야 한다.

다니엘에게는 현실의 상황을 뛰어넘는

절대 믿음과 절대 감사가 있었다.

나는 이처럼 상황과 환경을 뛰어넘는

감사를 가르치는 곳이 교회라고 믿는다.

예수 믿는 우리는

어떤 형편에 처하든지,

즉 궁핍에 처하든 고난에 처하든

심지어는 아우슈비츠 수용소에 갇혔을 때에라도

거기에서 감사의 제목을 끌어낼 수 있는

능력을 가진 존재들이다.

여호와께 감사하라

그는 선하시며

그 인자하심이 영원함이로다

시 136:1

문제 해결이 일어나기도 전에
미리 감사하는 데까지 이르도록
감사를 열심히 쌓아야 한다.
그렇게 살면 다른 사람이 아닌
바로 내가 행복하다.

바울은 추우면 추워하고 더우면 더워하며

환경을 조금도 바꿀 수 없는

무기력한 온도계 같은 삶이 아니라,

어떤 상황에서도

자신의 기쁨을 유지하겠다고 결정하는

온도 조절기 같은 삶을 살았다.

여호와여 내가 만민 중에서 주께 감사하고

뭇 나라 중에서 주를 찬양하오리니

시 108:3

감사는 성향이고, 태도다.

그리고 훈련이다.

날마다 환경을 바라보는

우리의 태도와 성향을 고치기 위해

노력하는 몸부림이 있을 때,

그 노력과 몸부림으로 인해

우리도 고상한 삶을 살게 될 것이다.

자기 본능을 거스르는 혹독한 훈련을 통해

얻게 되는 것이 '감사'라는 열매이다.

이렇게 훈련으로 체득한 감사는

내 인생에 기적을 가져다준다.

우리가 할 일은 다만 그날 형통하면

그에 기뻐하고 감사하며 즐거워하는 것이고,

흉년과 고난이 찾아오면 깊이 돌아보아

하나님이 이 일을 통해

무슨 말씀을 주시고자 하는지

점검하는 것이다.

말할 수 없는 그의 은사로 말미암아

하나님께 감사하노라

고후 9:15

너희는 이르기를

우리 구원의 하나님이여

우리를 구원하여

만국 가운데에서 건져내시고 모으사

우리로 주의 거룩한 이름을 감사하며

주의 영광을 드높이게 하소서 할지어다

대상 16:35

누가 우리를 괴롭게 하더라도

너무 미워하지 말자.

그 사람은 우리를 죽일 수 없고,

죽일 수 없는 그 사람으로 인해

우리는 강해질 것이다.

하나님이 주권자가 되시는 사람에게는

이런 은혜가 있다.

지금은 광야에 내던져진 것 같을지라도
영안을 열고 하나님의 시각으로 보면
그 낙심의 자리가 하나님의 훈련장소로 보일 것이다.
이런 은혜를 우리도 경험해야 한다.

하나님이 광야에서부터 어떤 은혜를 주셔서

오늘 우리가 여기까지 올 수 있게 되었는가?

이 나라가 한강의 기적을 이루고

지금까지 성장해온 것,

그것이 바로 하나님의 은혜다.

어떤 경우라도 감사함으로 받으면 버릴 것이 없다.

이것은 대인관계에도 그대로 적용된다.

혹 너무 밉고 불편해서 어려운 관계가 있다면

자기 눈에 '미움'이라는 안경이

씌워져 있는 것은 아닌지 돌아보자.

감사는 성향이다.

감사는 태도다.

환경이 좌우하는 것이 아니다.

감사할 수 있는 것도 힘이다.

남을 섬길 수 있는 것이 힘인 것처럼,

감사도 마찬가지다.

하나님께서 지으신 모든 것이 선하매

감사함으로 받으면 버릴 것이 없나니

딤전 4:4

타고난 기질 자체가

우울하고 어두워도 괜찮다.

우리의 기질과 상관없이 성령님을 초청하고

성령께서 내 안에서 일하시기 시작하면

우리도 다윗처럼 환경을 뛰어넘는

기쁨을 소유하게 될 것이다.

능력이 기쁨으로 나타나게 될 것이다!

하나님은 우리가 쉬운 길, 편한 길로

가기만을 바라지 않으신다.

물론 그것이 하나님의 축복일 수도 있지만,

때로는 우리를 나약하게 만들 수도 있다.

마음 가운데 어떤 두려움이 있는가?

하나님은 우리가 그 두려움의 담을 뛰어넘어

도전 정신을 회복하기를 원하신다.

성령의 능력이 우리 안에

기쁨을 회복시켜주시면

나 자신도 회복될 뿐 아니라

주변의 수많은 사람들에게로

그 기쁨이 전해진다.

내 안에 능력으로 채워진 기쁨이

영향력으로 흘러나가는 것이다.

하나님을 알되

하나님을 영화롭게도 아니하며

감사하지도 아니하고

오히려 그 생각이 허망하여지며

미련한 마음이 어두워졌나니

롬 1:21

"항상 기뻐하라"라는 말씀을
원어의 의미 그대로 번역하면
'모든 상황에서 기뻐하라'는 의미가 된다.
그리고 '범사에 감사하라'라는 말씀에 나오는
'범사'도 '항상'과 같은 단어이다.
그러니 어떤 상황에서든지
기쁨과 감사를 잃어서는 안 된다는 말씀이다.

오래 기도해도 병이 낫지 않을 때,

사업이 잘 안 되어 도움을 구하는 기도를 했는데도

물질의 회복이 이루어지지 않을 때,

우리가 당하는 그 난감한 고통이

우리를 겸손과 절제의 사람으로 만드시기 위한

하나님의 손길이라는 것을 볼 수 있는 눈,

그것이 바로 영성이다.

내가 주의 의로운 판단을 배울 때에는

정직한 마음으로 주께 감사하리이다

시 119:7

감정을 방치하면 안 된다.

몸부림치며 싸워야 한다.

내 본능에 맡기면 안 된다.

섭섭한 마음이 있을 때마다 싸워야 한다.

감사는 훈련을 통해서 얻어지기 때문이다.

머릿속에서 작동되는 감사를

내 입술로 표현하는 것까지가

하나님이 원하시는 감사이다.

이런 점에서 사도 바울에게 배워야 할 것이 있다.

그는 얼마나 자주, 그리고 얼마나 많은

감사의 고백을 드렸는가?

02/23

give thanks

오늘 우리 삶 가운데

이리 짓밟히고 저리 짓밟히는

고난과 연단이 닥친다 해도

그것을 어떤 눈으로 바라보고

받아들이느냐에 따라

그것이 고된 훈련을 이겨낸

긍지가 될 수도 있고,

또 비참한 현실 속에 날개가 꺾인

열등감으로 나타날 수도 있다.

계획한 일이 성공했더라면

오히려 하나님 앞에서

가슴 아픈 결과가 일어났을 텐데….

이 사실을 나중에 깨닫고 나니까

실패해서 흘렸던 눈물조차도

감사로 바뀌었다.

불평불만의 길이

온 나라를 뒤덮고 있는 상황에서,

우리는 감사를 결단하고

감사의 길을 만들기 위해,

감사의 습관을 만들어내기 위해

노력해야 한다.

지금 우울하고 힘들다고

괴로워하며 불평하지 말고,

얼마 남지 않았기 때문에 더 소중한,

내게 선물로 다가오는

오늘 이 하루를 주시는 하나님께 감사하자.

여호와여 나는 진실로 주의 종이요

주의 여종의 아들 곧 주의 종이라

주께서 나의 결박을 푸셨나이다

내가 주께 감사제를 드리고

여호와의 이름을 부르리이다

시 116:16,17

여호와는 나의 목자시니

내게 부족함이 없으리로다

그가 나를 푸른 풀밭에 누이시며

쉴 만한 물 가로 인도하시는도다

시 23:1,2

우리가 인생의 고통의 터널을 지나갈 때,

고난의 험준한 길을 만날 때가 바로

우리의 힘들고 어려운 삶 속에 찾아오시는

전능자의 하나님을 만날 때이다.

나는 하나님과 우리가

'주거니 받거니' 하는 사이면 좋겠다.

우리가 다니엘처럼 '이에' 주님께 나아가고

또 주님이 '이에' 응답해주실 때

감사와 찬양으로 주님 앞에 다시 나아가는

선순환이 일어난다면

내 삶이 얼마나 기쁨으로 충만하겠는가.

행복도 훈련하면 얻을 수 있다.

감사도 훈련으로 이루어진다.

이것이 훈련될 때

하나님과 줄탁동시 할 수 있는

기쁨을 누리게 된다.

하나님의 자녀인

예수 믿는 우리에게

'우연'이라는 것은 없다.

나의 무지함으로

엉뚱한 곳을 헤맸지만,

여러 차례의 '우연히'가 조합을 이루어

'마침'이라는 하나님의 은혜가

열매로 나타난 것이다.

지금 당신에게 힘든 일이 있는가?

이런저런 일로 마음이 지쳐 있는가?

그러나 힘센 용사의 눈으로

당신 자신을 다시 한번 보라.

지금 상황을 어떻게 재해석할 수 있겠는가?

당신은 지금 강한 용사로 서기 위한

훈련 중인 것이다.

11

November

give thanks

감사는 훈련이다.

수많은 연단을 거치고,

수많은 아픔을 거치고

넘어지고 깨지면서 습득되는 것이

감사이다.

매일 하나님의 말씀을 바탕으로

감사의 제목을 적어나가고,

그 감사를 표현하는 것을 실천해보라.

그렇게 감사 훈련을 해보라.

3

March

give thanks

내가 입으로 여호와께 크게 감사하며

많은 사람 중에서 찬송하리니

그가 궁핍한 자의 오른쪽에 서사

그의 영혼을 심판하려 하는 자들에게서

구원하실 것임이로다

시 109:30,31

일상의 소소한 감격과 기쁨을

잃어버린 채 살아가고 있지는 않은가?

연탄으로 겨울을 나던 시절,

웃풍을 맞으며 긴 겨울을 보내본 사람은

기다리던 봄날 **뺨**을 스치던

따스한 봄바람의 기억을 잊지 못한다.

삶 속에서 늘 하나님을 의식하고
그분에 대한 의존도를 잃지 않으면,
우리는 고난 속에서도 감사할 수 있다.
바울은 이런 능력의 삶을 살아내고 있었다.

우리 크리스천들은 성령 충만해야 한다.

그래서 환경에 짓눌려 날마다

'하나님, 이것 좀 해결해주세요' 하는 게 아니라

다이너마이트와 같은 능력을 경험하여

'하나님이 능력 주시니 이 환경은

내가 뛰어넘을 수 있습니다'라고 해야 한다.

내가 이십 대 초반에

미국에 이민 가서 겪었던 고생들이

당시에는 고통이고 부끄러움이고 수치였다.

하지만 은혜를 받고 하나님의 주권을 인정하고 나자

그것을 바라보는 나의 시각이 달라졌다.

아프고 눈물 나던 그 시간들이

사실은 변장하고 찾아온

하나님의 축복이었음을 깨달았다.

의인이여 너희는 여호와로 말미암아 기뻐하며

그의 거룩한 이름에 감사할지어다

시 97:12

내 심령 속에서 나와 함께해주신

하나님의 은혜를 바라볼 수 있는

눈이 열려야 감사할 수 있다.

눈이 열리지 않으니까

풍성하게 받아 누리면서도

받은 것이 아무것도 없다고 여긴다.

그래서 날마다 원망하고, 날마다 불평한다.

하나님은 예수 믿는 우리가

얕은 감사의 수준에 머물러 있지 말고

환경을 초월하여 늘 감사할 수 있는,

깊은 감사의 자리로 나아가기를 원하신다.

나를 능하게 하신

그리스도 예수 우리 주께

내가 감사함은

나를 충성되이 여겨

내게 직분을 맡기심이니

딤전 1:12

하나님께서 왜 날 사랑하실까?

하나하나 따져보면 사랑스러운 구석이 없는데

왜 날 사랑하실까?

반발심 많고, 틈만 나면 의심하기 바쁜 나를

사랑하시는 하나님의 은혜에 눈물이 났다.

하나님의 크신 사랑에 대한 감격이 밀려왔다.

내게 먼저 은혜 주신 하나님,

주께서 지신 십자가에 대한 감사,

죄인 된 우리에게 먼저 베푸신

하나님의 그 신실한 사랑에 대한

감사와 감격이

바울을 요동치게 만들었다.

우리는 고요한 바다로

순풍하는 인생을 살기 원하지만,

주님은 때때로 우리를

폭풍 가운데로 이끌고 가신다.

그때 온전히 주님만 의지하며 은혜를 구해야 한다.

그러면 주님이 우리의 눈물을 닦아주시고

우리를 치유해주시며,

잃어버린 자신감을 회복시켜주실 것이다.

아무것도 없는 자 같으나

너무나 부요한 자처럼 살아갈 수 있는 비결은

내게 능력 주시는 분이 계시기 때문이다.

할렐루야,

내가 정직한 자들의 모임과

회중 가운데에서

전심으로 여호와께 감사하리로다

시 111:1

예수께서 대답하여 이르시되

열 사람이 다 깨끗함을 받지 아니하였느냐

그 아홉은 어디 있느냐

눅 17:17

등산을 하다가

나무 한 그루를 보면서도

거기에 하나님의 솜씨가 느껴져서

감탄해본 적이 있는가?

그 나무 한 그루 때문에

가슴이 뛰어본 적이 있는가?

영적으로 죽어 있던 이스라엘 백성을

포기하지 않으시고 한 귀퉁이에서

소리치고 계시는 주님의 모습이

은혜 아닌가?

우리를 포기하지 않으시는 하나님이

정말 은혜 아닌가?

이것을 깨달을 때 다른 어떤 것보다 감사하다.

우리는 영적으로 감사를 회복해야 한다.

작은 일에도 기뻐하고

작은 일에도 감사해야 한다.

우리가 오해하면 안 되는 것이

기도의 축적, 감사의 축적이

긴 시간 내가 내 힘으로 노력해서

결과를 얻어내는 것이 아니라는 것이다.

내가 하는 것이 아니다.

내가 몸부림쳐서 얻어내는 것이 아니다.

하나님과 동행하면 하나님이 이루신다.

하나님의 주권으로

구원받았다는 사실에 감사하는 한편

하나님을 향한 신뢰를 바탕으로 한

승복이 이루어지는 삶을 살기를,

동시에 날 구원해주신 하나님께

찬양과 영광을 돌리는 삶을 살게 되기를.

내 힘으로 해보겠다고 하면 우리 모두는

깊은 계곡에서 슬피 울 수밖에 없는 인생이다.

그러나 우리에게는 능력 주시는 분이 계시다.

그분을 인식하고 그분과 연합하며 살아야 한다.

예쁘게 피어 있는 장미꽃을 보고 하는 감사는

누구나 할 수 있는 감사이다.

그런데 너무 예뻐서 만져보려다가

가시에 찔려 피가 날 때 감사하기는 쉽지 않다.

그런 상황에서 깊은 감사의 자리로 들어간 사람은

'아, 이 아름다운 꽃을 피우기 위해

이 가시가 필요했구나. 참 감사하다'라고 생각한다.

복음의 진수는

풍랑 속에서도 눈물 흘리며 감사하는 것,

고통의 광풍 속에서도

하나님 앞에 자신을 돌아보며

'상황이 어떨지라도

내 평안함을 빼앗아갈 수 없다'라고

고백할 수 있는 것이다.

내가 너희를 생각할 때마다

나의 하나님께 감사하며

간구할 때마다 너희 무리를 위하여

기쁨으로 항상 간구함은

너희가 첫날부터 이제까지

복음을 위한 일에 참여하고 있기 때문이라

빌 1:3-5

감사가 넘치기 위해 요구되는

가장 중요한 전제는

그리스도의 말씀이

우리 속에 풍성히 거하는 것이다.

말씀을 가까이해야 한다.

성경을 통독하는 일을

게을리해서는 안 된다.

때로는 성경을 필사하는 정성도 필요하다.

이스라엘 백성이 홍해를 건너고

광야 생활을 하는 동안

가장 많이 한 것은 원망과 불평이었다.

그들은 틈만 나면 원망했다.

열악한 광야를 지나고 나면 만나게 될

젖과 꿀이 흐르는

가나안 땅을 보지 못했기 때문에

그들은 현실만 보고 자꾸 절망한 것이다.

너희가 모든 일에 넉넉하여

너그럽게 연보를 함은

그들이 우리로 말미암아

하나님께 감사하게 하는 것이라

고후 9:11

기도를 계속하고

기도에 감사함으로

깨어 있으라

골 4:2

왜 우리에게 하나님을 향한 감탄이 없는 것일까?

그것은 우리가 하나님을 찾고

그분을 의지하기보다

자신의 힘으로 살려고 하기 때문이다.

우리는 감사의 지경이 넓어지도록 기도해야 한다.

더 중요한 것은 그것을 가능하게 하시는

주권자 하나님을 더욱 의지하는 것이다.

그리고 그분의 사랑의 결정체인

십자가를 더 많이 묵상하는 것이다.

강한 손과 펴신 팔로

인도하여 내신 이에게 감사하라

그 인자하심이 영원함이로다

시 136:12

광야는 하나님의 초월성을 경험하는 곳이다.

"나는 막장 인생이야. 막다른 골목뿐이야."

이렇게 생각했던 우리의 한계를 뛰어넘어

그 손으로 건져내시는,

하나님의 초월성을 누리는 곳이다.

오래 인내하시는 하나님,

그 오래 기다려주시는 하나님의

사랑의 혜택을 누리며 여기까지 왔다.

오늘도 주님은 우리를 기다려주신다.

다시 기회를 주신다.

우리가 하나님 앞에

민감하게 은혜를 구하면

삶의 전부가

자족을 배우는 학습장이 된다.

내가 주께 감사하옴은

나를 지으심이 심히 기묘하심이라

주께서 하시는 일이 기이함을

내 영혼이 잘 아나이다

시 139:14

고난 중에 우리는 한 가지를 배워야 한다.

자기가 당하는 극심한 고난을

허투루 흘려보내지 않고,

그 고난을 통해

필요한 지혜와 깨달음을 얻는 것이다.

나를 지금 이 자리까지 이끌어주신

하나님의 은혜에 감사하며,

지금 내게 주어진 환경에

감사의 고백을 올려드리며

그렇게 날마다 하나님 은혜에 대한

감격을 회복할 수만 있다면,

그 어느 때보다 바로 지금이

내게 가장 행복한 순간이 되지 않을까?

주는 나의 도움이 되셨음이라

내가 주의 날개 그늘에서

즐겁게 부르리이다

시 63:7

사실 우리 시대가 얼마나 감사한 시대인가?

사무엘 시대는 하나님의 계시의 말씀인

성경이 주어지기 전이어서

하나님이 말씀 주시기를

얼마나 사모하고 갈망했는지 모른다.

그러나 이 시대에는

하나님의 말씀인 계시의 성경이 있다.

갈수록 아름다운 인생이 되기를 원한다면

말씀을 가까이해야 한다.

광야가 아름다운 길이 되는 것은

그 길이 하나님과 동행하는 길일 때에 가능하다.

즉, 하나님과 동행하는 광야가 되어야

그 고난의 광야, 실패의 광야가

상처가 아닌 인생의 보약이 된다.

감사가 선택이라고 말씀하시는 하나님께

감사할 수 없는 오늘의 환경 속에서도

감사를 선택할 줄 아는 능력을 발휘함으로

감사를 올려드리는 하루가 되기를 바란다.

예전에는 내 삶을 에워싸는 것이 온통
아픔, 힘듦, 낙심, 좌절, 원망 같은 것들이었는데,
이제는 그 모든 부정적인 감정은 사라지고
하나님의 은혜에 대한 감격과 감사만이
나를 에워싸고 있다.
이런 놀라운 변화를 경험하였으니
어떻게 감격하지 않을 수가 있겠는가?

자신의 배를 우상으로 삼는

사람의 끝은 허망함이다.

그러나 예수 그리스도를

인생의 구세주로 삼는 사람은

그 배에서 생수의 강이 흘러넘치게 된다.

심령 깊은 곳에서부터 주님이 주시는 만족감과

기쁨이 흘러넘치게 된다.

오늘 이런저런 고난을 겪고 있다면,

그 고난이 전부

죄의 결과라고 생각해서는 안 된다.

우리를 더 깊고 더 성숙한

하나님의 사람으로 연단하기 위한

과정일 수 있다.

우리는 예수 믿고 성공하는
외적인 능력만 추구하는 인생이 아니라,
말씀대로 살다가 손해 보고 억울함을 당하는
실패의 자리에서도 바울처럼
"내게 능력 주시는 자 안에서
내가 모든 것을 할 수 있느니라"라고
고백할 수 있는
내적인 능력이 가득한 삶을 살아야 한다.

나의 조상들의 하나님이여

주께서 이제 내게 지혜와 능력을 주시고

우리가 주께 구한 것을 내게 알게 하셨사오니

내가 주께 감사하고 주를 찬양하나이다

곧 주께서 왕의 그 일을 내게 보이셨나이다 하니라

단 2:23

아무런 대가 없이

교회와 성도를 섬기는 모습에서

나는 영적인 힘을 느낀다.

영적인 힘이 있어야 봉사도 할 수 있다.

그래서 봉사는 힘이다.

감사도 마찬가지다.

감사할 힘이 없으면, 감사를 할 수 없다.

하나님은 우리가 가지고 있는
행복의 대상이나 조건이 문제가 아니라,
그 대상과 조건을 넘어서는 어려움 가운데서도
행복을 가려내고 쟁취해내는
재능이 필요하다고 말씀하신다.

나는 감사하는 목소리로

주께 제사를 드리며

나의 서원을 주께 갚겠나이다

구원은 여호와께 속하였나이다 하니라

욘 2:9

권사님들이 함께 모여

찬양하며 감사하던 모습이

지금도 내 기억에 선하다.

남루한 옷을 입고 끼니 해결조차 어려운

보릿고개를 지나면서도 모이기만 하시면

손뼉 치며 찬양하는 모습에서

깊은 행복이 느껴졌었다.

다니엘은 감사할 수 있는 상황이 아니고

감사할 조건이 하나도 없을 때 앞당겨 감사했다.

하나님께 순종할 뿐만 아니라

그런 환경을 주신 하나님께 선행하여 감사했다.

그랬더니 사자 굴에 들어가는 과정과

이후의 일에서 앞당겨 감사했던

수많은 감사의 내용이 그대로 구현되었다.

우리에게 지워진 짐을

고통이라 생각하지 말고

사명이라 생각하며 감사하자.

지난 세월 동안

힘들고 어려운 일들이 있었다면,

하나님께서 나를 믿고

그 일을 맡겨주셨기 때문이라고

고백할 수 있기를 바란다.

하나님을 신뢰하고

하나님을 인정해드릴 때

나오는 태도가 감사이다.

하나님께서는 때로 가던 길을 멈추게 하시거나

오해를 통해 주변의 사람들을 흩으시기도 하고,

실패를 경험하거나 쓰라림을 가지고

광야 길로 가도록 내모실 때가 있다.

인간적인 눈으로는 실패처럼 보이지만

그것은 변장하고 찾아온 하나님의 축복이다.

하나님께서 주시는 그 힘으로

지금까지 버텨내고 있는 것 아닌가?

능력 주시는 그분이

아무런 능력도 없는 나를

지금까지 인도해주셨는데

왜 삶에 회의가 드는가?

내게 의의 문들을 열지어다

내가 그리로 들어가서 여호와께 감사하리로다

이는 여호와의 문이라

의인들이 그리로 들어가리로다

주께서 내게 응답하시고 나의 구원이 되셨으니

내가 주께 감사하리이다

시 118:19-21

주께서 이를 행하셨으므로

내가 영원히 주께 감사하고

주의 이름이 선하시므로

주의 성도 앞에서

내가 주의 이름을 사모하리이다

시 52:9

'그리 아니하실지라도'의 상황은
정적들이 나를 죽이려고 달려드는데도
하나님이 침묵하고 계시는 것 같은 때다.
이런 상황에서도 믿고 선포하면서
선행하는 감사가 우리 안에 일어날 때,
그것이 능력이 된다.

넓은 마음으로

철없는 나를 기다려주시고

품어주시고 오래 참아주신

그 은혜로 말미암아

오늘의 내가 있게 되었다.

그래서 내 안에는 그 감격이 있다.

그 감사가 있다.

구약에서 하나님은 이스라엘 백성을 선택하시고
그들과 특별한 관계를 맺으신다.
하나님은 그들을 보호하시고 인도하시며
그들의 하나님이 되어주신다.
그리고 이스라엘 백성은 하나님의 그 사랑에
감사함으로 순종하는 하나님의 백성이 되었다.

10

October

give thanks

"주는 나의 도움이 되셨음이라!"

아무것도 없는 광야였지만,

다윗은 그곳에서도 여전히

'내게 능력 주시는 분'이

동행하신다는 것을 발견했다.

그러니 그 광야에서도

영혼의 만족을 찾을 수 있었던 것이다.

사실, 믿는 우리조차도

말세의 영향을 받아서

점점 마음이 굳어지고 감사가 잘 나오지 않고

감사의 자리에서 오히려 불평이 나오고

원망하는 모습을

심심치 않게 보이고 있지는 않은가?

4

April

give thanks

우리가 종일 하나님을 자랑하였나이다

우리는 하나님의 이름에 영원히 감사하리이다

시 44:8

도로 위에 널브러져 있는

지렁이 같은 우리 인생을

구원하신 하나님의 은혜,

그 구원의 감격을 누가 알겠는가?

나의 실패와 실수까지도 사용하셔서

은혜를 베푸시는 하나님의 역사에

우리가 무슨 말로 감사를 표현할 수 있겠는가?

만일 내가 감사함으로 참여하면 어찌하여 내가

감사하는 것에 대하여 비방을 받으리요

그런즉 너희가 먹든지 마시든지 무엇을 하든지

다 하나님의 영광을 위하여 하라

고전 10:30,31

주님은

본질적인 구원의 감격을

누리는 사람들이

이 땅에서 누리는 행복감,

그 감사하는 마음을

깨닫기 원하신다.

예배를 드릴 때,

묵상의 자리로 나아갈 때는

늘 하나님께 감사와 영광을 올려드리고,

사람들을 대면할 때는

이 모든 일이 하나님의 은혜이며

하나님이 일하신 결과라고

선포하는 일이 함께 있어야 한다.

우리는 무엇보다

구원의 감격을 회복해야 한다.

인간적으로 너무 외롭고

고독한 생활을 할지라도

구원의 감격은 내 안의 모든

외롭고 쓸쓸한 감정들을

쓸어버리는 능력이 된다.

이유를 알 수 없는

하나님의 뜻과 일하심이지만,

감사를 선포했더니

손양원 목사님의 내면의 감정이

마귀의 손아귀에 사로잡히는 일은 피하게 되었다.

분노의 확대 재생산이 일어나지 않으니

자신의 두 아들을 죽인 원수를

양아들로 삼는 자리까지 가게 되었다.

주는 나의 하나님이시라

내가 주께 감사하리이다

주는 나의 하나님이시라

내가 주를 높이리이다

시 118:28

결정적으로 룻은 운명의 상대인

보아스와 만남으로써

인생이 완전히 역전되는 은혜를 누렸다.

보아스를 만났기 때문에 다윗과

더 나아가 예수 그리스도의

계보를 잇는 영광을 누릴 수 있었다.

우리도 그런 만남의 축복을 구하고 기대해야 한다.

다니엘은 절체절명의 위기가 찾아온 상황에서

도발적인 태도로 직면한 위기에 정면 대응하였다.

그리고 그 어려운 상황에서도

감사를 빼앗기지 않았다.

이런 일들을 경험하면서 나는 확신했다.

하나님이 주신 사역지를

하나님께서 허락해주신 선물로 생각하며

감사함으로 섬길 때

거기에 능력이 나타난다는 사실을.

무엇보다도 그 감사를 입술로 선포할 때

하나님은 나의 부정적인 감정을 다스려주시고

내 안에 더욱 큰 감사로 채워주심을 많이 경험했다.

우리도 바울처럼 뚜렷한 삶의 목적과

이유를 갖고 있어야 한다.

다시 말해서 삼위 하나님의 구원 계획을 깨닫고

기뻐하고 감사하는 데서 멈추지 말고,

그 감사와 감격을 사명에 대한

자각으로 연결해야 한다.

오늘 현재를 소중히 여기시는 주님이

우리의 눈물을 닦아주는 친구가 되어주실 때,

내 마음의 슬픔은

진정 사라지게 될 줄로 믿는다.

아무것도 염려하지 말고

다만 모든 일에 기도와 간구로,

너희 구할 것을 감사함으로 하나님께 아뢰라

빌 4:6

우리가 너희를 위하여 기도할 때마다

하나님 곧 우리 주 예수 그리스도의

아버지께 감사하노라

골 1:3

바울이 배운 것이 무엇인가?

절망에 빠질 때, 실패의 자리에 빠질 때,

아무도 위로가 되지 않던 때,

그 모든 순간순간에 예수 그리스도께서

자족할 수 있는 비결 되심을 경험했다.

그렇기에 억울하게 감옥에 들어가서도

기쁨을 노래할 수 있었던 것 아니겠는가?

탐욕으로 남의 포도밭을 빼앗아

자기도 불행하고 남도 불행하게 만드는

아합의 길이 아니라,

비록 몸은 감옥에 있지만

소중한 만남의 축복에

행복하고 감사할 줄 알았던

바울의 길을 걸어가게 되기를….

여호와 우리 주여

주의 이름이 온 땅에

어찌 그리 아름다운지요

주의 영광이 하늘을 덮었나이다

시 8:1

상황을 뛰어넘고 환경을 뛰어넘어

감사와 찬양이 나오는 인생,

부럽지 않은가?

나는 우리의 감사 선포가

개개인의 삶에 영향을 미치기를 바란다.

억울하고, 분하고,

악한 자들이 떵떵거리며 잘사는

불합리로 가득한 세상 속에서도

나는 주님의 공의를 믿는다.

주님의 공의로우심이 마지막 날

심판으로 나타날 것을 믿는다.

그날을 사모하며 감사하며 기다린다.

우리가 하나님을 향한

감사를 회복해야 하지만,

그것 이상으로 중요한 것이

사람들을 대면할 때

그 사실을 입술로

선포해야 한다는 것이다.

문제에 직면했을 때

문제를 풀 수 있는 열쇠 중의 하나가

과거에 주셨던

감사 거리를 떠올리는 것이다.

지존자여 십현금과 비파와 수금으로

여호와께 감사하며

주의 이름을 찬양하고

아침마다 주의 인자하심을 알리며

밤마다 주의 성실하심을 베풂이 좋으니이다

시 92:1-3

일이 잘 풀리고

삶에서 순종하는 것으로 누리는

기쁨과 감사와 감격도 필요하지만,

그보다 더 본질적인 것,

십자가의 은혜로 말미암아

구원받아 하나님의 자녀가 된 그 본질로

기뻐하고 감사해야 한다.

하나님께서 할례라는 종교의식을 통해

원하시는 것이 무엇이겠는가?

할례를 통해 이스라엘 백성이

하나님과 관계를 맺은 것에 대한

감사와 감격을 늘 기억하기를

바라신 것 아닌가?

내가 주의 성전을 향하여 예배하며

주의 인자하심과 성실하심으로 말미암아

주의 이름에 감사하오리니

이는 주께서 주의 말씀을

주의 모든 이름보다 높게 하셨음이라

시 138:2

유난히 감사가 넘치는 사람은

둘 중 하나다.

타고나기를 그렇게 타고났거나

훈련해서 감사의 사람으로 바뀐 경우다.

바울이 그렇다.

열 명의 나병환자 중 아홉 명은

몸만 고침 받고 끝이었지만,

감사를 표현한 한 명은

몸도 고침 받았고 영혼도 구원받았다.

감사를 드리러 온 그 한 명은

'감사'라는 도구로 인해

주님과의 관계가 맺어지게 되었다.

한자로 '감사'(感謝)는

'느낄 감'(感), '사례할 사'(謝)이다.

또한 '사'(謝)는 '말씀 언'(言)과 '쏠 사'(射)가

합쳐져서 만들어진 글자이다.

속으로 느끼는 것은 감사가 아니다.

양궁에서 활을 쏘듯이 '말'을 쏠 때

감사가 일어나는 것이다.

내 감사와 만족의 범위가

점점 넓어진다면

나중에는 바울처럼 감옥에서조차도

감사를 잃지 않게 될 것이다.

오늘 우리는 어떤 돌을 취해

마음에 기념비를 세우고 있는가?

그것만 바라보면 하나님이 지금까지

어떤 은혜로 나를 인도해주셨는지 생각이 나면서

모든 불평이 사라지고 감사의 눈물이 흐르는,

그런 기념비가 있는가?

어제의 눈물이,

어제의 아픔과 한숨이 재료가 되어

인생 마지막에 '하나님, 너무 행복합니다'

이 한마디 주님께 올려드리고

하나님나라를 주님 품에 안겨드리는 일들이

우리에게 일어나기를 바란다.

은혜를 받고 나면
자신에게 감탄할 일이 많아진다.
누가 뭐라고 하든 우리는
하나님 앞에서 모두
신묘막측한 존재이다.

감사와 관련해서

가장 먼저 회복해야 하는 것은

십자가 은혜에 대한 감사이다.

언어의 변질과 타락을 막기 위해서는
공허한 말로 죄를 부추기는 자들은 멀리하고
대신 그 자리에 거룩하신 하나님의 말씀이
자리 잡도록 해야 한다.
그리고 감사를 선포해야 한다.

우리의 상황과 여건과 매력과 상관없이
날 구원해주신 하나님의 은혜로 인하여 생기는
내면의 기쁨이 회복되어야 한다.
그리고 이 기쁨을 흘려보내야 한다.
이것이 우리가 해야 할 일이다.

우리에게 감사가 살아나기 위해서는

성령의 기쁨으로 말씀을 받아야 한다.

성령이 도와주셔야 한다.

십자가 사랑에 대한

감사와 감격이 먼저 회복되면

나머지는 그냥 따라오게 되어 있다.

하나님을 향한 감사,

나를 구원해주신 은혜에 대한 기쁨은

놀라운 역사를 만들어낸다.

하나님께 감사하리로다

너희가 본래 죄의 종이더니

너희에게 전하여 준 바

교훈의 본을 마음으로 순종하여

롬 6:17

육신의 병을 고침 받는 게 '1'이라면,

나병환자가 감사함으로 주님께 받았던 그 선포,

"네 믿음이 너를 구원하였느니라"라는 선포는

가슴이 터질 것 같은

더 큰 감사 제목을 얻은 것 아닌가?

우리에게는 감탄이 필요하다.

그리고 그 감탄을 입술로

표현하는 감사가 필요하다.

들꽃 하나를 보고도 감탄이 나올 수만 있다면,

그 은혜에 대한 감사를

표현할 수 있다면 얼마나 좋을까.

우리가 그리스도 안에서

영적인 눌림이 없을 때에는

자연스럽게 은혜가 구원의 확신과

기쁨으로 연결된다.

그래서 늘 죄 사함 받은 은혜로 인해

마음에 기쁨과 감사와

감격이 넘치게 되는 것이다.

바로 이 감격이 바울에게 있었다.

비록 무화과나무가 무성하지 못하며

포도나무에 열매가 없으며

감람나무에 소출이 없으며

밭에 먹을 것이 없으며

우리에 양이 없으며

외양간에 소가 없을지라도

나는 여호와로 말미암아 즐거워하며

나의 구원의 하나님으로 말미암아 기뻐하리로다

합 3:17,18

우리는 하나님이 우리에게 주신

놀라운 은혜의 선물인 임마누엘을 알고,

그에 대한 반응으로 '코람데오'

즉 하나님 앞에서 늘 기쁨과 감사를

세상에 흘려보내야 한다.

우리의 모든 감탄과 감사는

여호와 앞에서 이루어져야 한다.

주신 은혜에 대한 감사와 감격,

십자가 사랑에 대한

감사와 감격 모두 다 말이다.

날마다 우리 짐을 지시는 주

곧 우리의 구원이신

하나님을 찬송할지로다

시 68:19

본능에 내맡기는 감사 말고

본능과 싸워서

쥐어짜듯 얻는 감사가

기적을 낳는 도구가 된다.

내 안에 복음이 자리 잡으면,

그래서 예수 그리스도의 십자가 감격이 회복되면,

강퍅했던 마음이 녹고

모든 사람을 향한 사랑과 감사의 마음이

흘러나오게 되어 있다.

성공이 행복을 가져다줄까?

수십만 원짜리 호텔 뷔페 식사라도

감격이 없으면

행복한 마음으로 먹는

설렁탕 한 그릇만 못한 법이다.

너는 이것을 알라

말세에 고통하는 때가 이르러

사람들이 자기를 사랑하며

돈을 사랑하며 자랑하며

교만하며 비방하며 부모를 거역하며

감사하지 아니하며 거룩하지 아니하며

딤후 3:1,2

성경에서 감사하라는 내용을

다 찾아서 읽는다면

엄청 오랜 시간이 필요할 것이다.

얼마나 많은 구절에서

감사를 강조하고 있는지 모른다.

왜 그럴까?

하나님은 하나님이 하신 일에 대한

감사를 선포하는 것을 기뻐하시기 때문이다.

평소에는 잘 드러나지 않지만,

태풍이 불고 위기가 찾아오면

그때 요동하지 않는 인생으로 서는 것,

이것이 바람직한 신앙인의 모습이다.

마음에 감사의 기념비를 세우고

하나님과 사람들에게

감사하는 마음을 가지면

그 혜택을 나 자신이 받는다.

내 마음 안에 일어나는 감사가

나를 행복하게 만들기 때문이다.

세상은 점점 더 복잡해질 것이다.

우리 마음을 아프게 하는 일들은

점점 더 많아질 것이다.

세상이 달라지면 행복해질 것이라는

기대는 버리자.

대신에 세상이 어떻든 관계없이

나는 주님 안에서 기쁨을 회복하겠다고 다짐하자.

기쁨과 행복은 주님 안에서

내가 만들어가는 것이다.

세계적인 암 전문가가 이야기하기를
암세포를 죽이는 NK 세포를 많이 활성화시키는 것은
찬양대원들처럼 신령한 노래를 하고
기뻐하며 즐거워하는 일이라는 것이다.
기름진 것 먹고, 영양가 높은 음식 찾아서 먹고,
비타민 챙겨서 먹는다고 생기는 것이 아니라
창조주 되시는 하나님을 기뻐하고 찬양하며
감사할 때 생긴다는 것이다.

우리 모두에게 감탄이 회복되기를 바란다.

그리고 그 중심에 하나님의 은혜에 대한,

십자가의 은혜에 대한 감탄이

녹아 있는 감사가 있기를 바란다.

그 은혜를 넘치게 표현하기를 바란다.

이로 말미암아 주 예수 안에서

너희 믿음과 모든 성도를 향한 사랑을

나도 듣고 내가 기도할 때에 기억하며

너희로 말미암아 감사하기를 그치지 아니하고

엡 1:15,16

우리 주 예수 그리스도로 말미암아

우리에게 승리를 주시는

하나님께 감사하노니

고전 15:57

9

September

give thanks

주님은 우리가 능력이 있는 것으로,

당장 귀신이 쫓겨가는 것으로만

기뻐하고 감사하는 데 그치지 말고,

보다 근본적인 것,

우리가 구원받게 된 것으로

기뻐하며 감사하는 자리로

나아가기를 원하신다.

우리에게는 세 가지 절제,

즉 감정을 절제하고 입술을 절제하고

물질적 탐욕을 절제할 수 있는 은혜가 필요한데,

이 능력은 내 안에서 나오는 것이 아니라

성령님을 의지할 때 주어지는 것이다.

5

May

give thanks

근심하는 자 같으나 항상 기뻐하고

가난한 자 같으나 많은 사람을 부요하게 하고

아무것도 없는 자 같으나

모든 것을 가진 자로다

고후 6:10

지금 감사할 수 없는 상황일지라도

그 상황에 감사하면,

그 감사가 능력이 되어

실제로 감사한 일들이 펼쳐진다.

주의 인자하심이 생명보다 나으므로

내 입술이 주를 찬양할 것이라

이러므로 나의 평생에 주를 송축하며

주의 이름으로 말미암아 나의 손을 들리이다

시 63:3,4

우리 안에 감탄이 회복되고,

그 감탄에 십자가의 은혜에 대한

감사가 배어 있어서

예배를 드릴 때마다 그 감탄과 감격으로

내 영혼이 회복되고, 가정이 회복되길 바란다.

우리가 변할 때

그 모습을 보는 자녀도 회복된다.

바울은 자기에게 주어진 상황을
긍정적인 태도로 바라보았다.
그는 어떤 상황에서도
"나는 자족하기를 배웠다"라고 말한다.
이것이 바울의 귀한 점이다.

부모인 우리가 자녀들 앞에서

더 많은 감사의 모범을 보여야 한다.

자녀를 가르치기 위한 의도된 감사가 아니라

진심에서 우러나오는 감사의 삶을 살 때,

우리 자녀들이

그것을 보고 배우리라 믿는다.

감사할 수 없는 상황에도,

내 상식으로 내 지각으로 내 이성으로는

감사할 수 없는 조건이라 할지라도

믿고 주님 앞에 감사하는 능력,

이것이 얼마나 중요한 태도인지 모른다.

아이들과 더불어

'감사노트'를 기록해보라.

심리학자들도 자신에게 주신

축복을 세며 감사하는 사람들이

삶에 더 큰 만족감을 경험한다고 말한다.

또한 이는 성경이 우리에게

요구하는 바이기도 하다.

그러니 그냥 그렇게 해보라.

우리는 감사를 훈련해야 한다.

그래서 원망과 불평의 자리가 아니라

포용과 자족의 자리로 나아가야 한다.

그럴 때 결정적인 순간에

왕을 흔들어 깨우시는 하나님의 주권을 목도하며

그분과 줄탁동시 하는 기쁨을 누릴 수 있게 된다.

우리는 아이들에게
만남의 축복이야말로
정말 풍성한 감사라는 것을
가르쳐야 한다.

이는 모든 것이 너희를 위함이니

많은 사람의 감사로 말미암아

은혜가 더하여 넘쳐서

하나님께 영광을 돌리게 하려 함이라

고후 4:15

우리가 우리 하나님 앞에서

너희로 말미암아 모든 기쁨으로 기뻐하니

너희를 위하여 능히 어떠한 감사로

하나님께 보답할까

살전 3:9

되돌아보면 우리 삶 가운데
순종하지 않음으로 놓치게 된
기쁨이 얼마나 많은지 모른다.
사실, 순종의 기쁨은
작은 것에서부터 시작된다.

아주 사소한 것에도

감사 표현을 잘하는 부부와

그렇지 않은 부부를 대상으로 조사를 했는데,

작은 일에도 배우자에게 고마움을

잘 표현하는 부부가 그렇지 않은 부부보다

긍정적인 마음이 생길 확률이 열 배라고 한다.

어떤 상황에 처하든지

그 상황을 딛고 넘어서는 힘,

이 자족은 하나님이 내게 허락하신

내 모든 생활 가운데

배워서 얻는 힘이다.

부부간에, 부모님에게, 자녀에게,

선생님에게, 친구에게, 어느 고마운 분에게

마음으로만이 아니라

실제 입술로 표현하는 것까지 가야

온전한 감사가 된다.

먼저 내가 예수 그리스도로 말미암아

너희 모든 사람에 관하여 내 하나님께 감사함은

너희 믿음이 온 세상에 전파됨이로다

롬 1:8

오직 산 자 곧 산 자는

오늘 내가 하는 것과 같이 주께 감사하며

주의 신실을 아버지가 그의 자녀에게

알게 하리이다

사 38:19

여전히 우리의 삶에 달라진 것이 없어서

이렇게 저렇게 무거운 짐들을 지고

아픈 시간을 보내고 있다면,

이제는 '내게 어떤 어려움과

난관이 찾아오더라도

그것을 자족을 연습하는 도구로

삼아버리겠다'라고 하는

선포가 있기를 바란다.

감사를 직접 표현할 때

내 마음에 행복이 찾아오는 것을 종종 경험한다.

감사를 자주 표현해야 하는 이유가 여기에 있다.

그것이 내게 행복감을 느끼게 해주기 때문이다.

PSALMS

우리는 물질의 넉넉함에
감사할 것이 아니라
주신 분이 하나님이시라는 것을
인식할 수 있음에 감사해야 한다.

어려운 상황 속에서도

낙관적인 태도를 잃지 않는 것,

이것을 신앙이라고 한다.

위기 속에서도 낙관적인 태도를

하나님을 향한 감사로 표현하는 것이

신앙생활이다.

감사는 조건이 아니라

마음의 상태에서 나온다.

행복할 조건이 주어져서 감사한 것이 아니라

어떤 상황에서라도 감사할 거리를

찾아낼 수 있는 능력이 있음을 감사하라.

그리스도 예수 안에서 너희에게 주신

하나님의 은혜로 말미암아

내가 너희를 위하여

항상 하나님께 감사하노니

고전 1:4

이스라엘 백성에게 있어서 광야훈련은

자족훈련, 곧 절제훈련이었다.

먹을 것이 아무리 많아도

내가 먹을 양만큼만 취하고

나머지를 포기할 수 있는 힘,

이것을 기르는 것이 광야훈련이다.

감탄과 감사의 차이는 무엇일까?

사전에 '감탄'은

'마음속 깊이 느끼어 탄복함'이라고 되어 있다.

즉, 감탄은 내 안에서 우러나오는 것이고,

그것을 상대방에게

표현하는 것이 감사이다.

찬송과 영광과 지혜와

감사와 존귀와 권능과 힘이

우리 하나님께 세세토록 있을지어다

계 7:12

끊임없이 원망하며

비난의 언어를 가지고

불평하는 삶이 아니라

감사의 기억이 사라지기 전에

그 감사를 표현할 수 있기를….

우리가 드려야 할 감사는

내 본능을 거스르고 내 감정과 싸워서

어떤 상황, 어떤 환경이든지 간에

집요하게 전념하면서

쟁취해내야 하는 것이다.

지금 우리가 이 자리에 있기까지

힘이 되어주었던 사람들,

고마웠던 사람들이 있을 것이다.

잊고 지냈던 그 사람들에게

사랑과 감사의 편지를 써보는 것은 어떻겠는가?

하나하나 생각해보면

내 삶에서 은혜 아닌 것이 없고

감사 제목이 아닌 것이 없다.

하나님이여

우리가 주께 감사하고 감사함은

주의 이름이 가까움이라

사람들이 주의 기이한 일들을 전파하나이다

시 75:1

나팔 부는 자와 노래하는 자들이
일제히 소리를 내어 여호와를 찬송하며 감사하는데
나팔 불고 제금 치고 모든 악기를 울리며
소리를 높여 여호와를 찬송하여 이르되
선하시도다 그의 자비하심이 영원히 있도다 하매
그때에 여호와의 전에 구름이 가득한지라

대하 5:13

나에게는 꿈이 하나 있다.

모든 가정이 매 주일 저녁에

함께 모여 가정예배를 드리는 것이다.

그리고 그 모임에서 《감사노트》를 가지고

한 주일에 한 번 자녀들과 더불어

감사를 매개로

이야기 나누는 시간을 가지는 것이다.

감사는 훈련을 통해

이루어진다는 사실을 기억해야 한다.

그렇기 때문에 애를 써야 한다.

감사는 본능에 맡기면 안 된다.

어떤 상황이든지 이유 여하를 막론하고

항상 기뻐하라. 항상 감사하라.

우리의 목표는

우리 내면에 그리스도의 말씀이

풍성히 거하는 것이다.

그리고 그 말씀을 가지고

자녀들을 권면하고

공동체에서 말씀을 나누다 보면

그 가운데 감사가 흘러넘치게 될 것이다.

그리스도의 말씀이 너희 속에 풍성히 거하여

모든 지혜로 피차 가르치며 권면하고

시와 찬송과 신령한 노래를 부르며

감사하는 마음으로 하나님을 찬양하고

또 무엇을 하든지 말에나 일에나

다 주 예수의 이름으로 하고

그를 힘입어 하나님 아버지께 감사하라

골 3:16,17

우리가 너희 모두로 말미암아

항상 하나님께 감사하며

기도할 때에 너희를 기억함은

너희의 믿음의 역사와 사랑의 수고와

우리 주 예수 그리스도에 대한 소망의 인내를

우리 하나님 아버지 앞에서

끊임없이 기억함이니

살전 1:2,3

내 연약함과 아픔에 초점을 두지 말고

주님이 여기 계신다는 사실에

초점을 두고 살아갈 때

다니엘처럼 힘겨운 세상 속에서도

늘 소망을 잃지 않고 믿는 자로서

하나님을 향한 흔들리지 않는

마음의 중심으로 살아갈 수 있다.

사도 바울 안에 있는

복음으로 인한 감사와 감격이

그를 가만히 내버려두지 않았다.

그것이 큰 에너지가 되어

무엇이라도 해서

주님을 기쁘시게 해드리고 싶은

마음으로 충만했다.

진리는 심각하고 복잡한 데 있지 않다.

우리 삶에 하나님이 주신

소박한 것에 자족하고

감사하는 마음이 중요하다.

부부 사이에서도 마찬가지이다.

자꾸 문제만 집어내지 말고,

상대의 좋은 점을 자꾸 선포해보라.

세상에 이렇게 좋은 여자가 어디 있느냐고,

나한테 이렇게 고맙게 하는 남자가 어디 있겠냐고.

자꾸 입술로 감사를 선포하면,

그것이 능력이 될 줄 믿는다.

오늘 우리가
행복하지 않은 건
스스로가 정해놓은
행복 조건, 감사 조건이
너무 좁기 때문은 아닌가.

오늘 우리의 감사 제목은 무엇인가?

우리의 감사 제목은 온통 '나'이다.

감사 제목이 확장되어야 한다.

우리의 감사 제목이 우리의 영적 수준이다.

또 여호와를 기뻐하라

그가 네 마음의 소원을

네게 이루어 주시리로다

네 길을 여호와께 맡기라

그를 의지하면 그가 이루시고

시 37:4,5

800가지를 갖추고도

만족함이 없어 불평하는 존재가 아니라

50여 가지밖에 손에 들리지 않았지만

그것을 가지고도 감사하고 감격하는

인생이면 좋겠다.

이런 자족하는 마음이

신앙생활에 얼마나 중요한 것인지 모른다.

잃어버리고, 놓치고 나면

흘러내리는 침을 삼키는 것조차

세상에서 가장 행복할 수 있는 조건이

될 수 있다는 것을 깨닫는다.

이것이 인간의 미련함 아닌가?

이런 면에서 볼 때

우리가 지금 놓치고 있는

현실의 감사가 얼마나 많겠는가?

05/24

give thanks

우리가 억대 연봉이나

고급 승용차를 탐하지 않아도

자족할 수 있는 비결은,

아침에 마시는 커피 한 잔만으로도

충분히 행복해질 수 있는 존재임을

자각하는 것이다.

하나님이 내게 주신 오늘의 삶,

내가 누리고 있는 오늘 내게 주어진 것들을

기뻐하고 즐거워하고 감사하는 것이

하나님께 큰 기쁨이요 영광 받으시는 일이다.

은혜 받은 남편들이여,

주먹으로 때리는 것만이 폭력이 아니다.

언어폭력의 상처가 더 클 수 있다.

말로 아내를 힘들게 했던 지난날을 회개하고

내가 받은 형통의 복, 은혜의 복을

아내가 누리고 남편이 누리고

자녀가 누리게 되는 일이

우리의 가정 가운데 일어나야 할 것이다.

나이가 들면 들수록

원망과 불평으로 가는 것이 인생이다.

나이가 들면 저절로 성숙해지는 것 같지만

그렇지 않다.

많은 몸부림을 통해, 노력을 통해

자족을 배워야 한다.

나는 우리 모두가

평탄한 인생을 살기 바란다.

그러나 하나님께서 감사훈련학교에

입학시키실 때가 있다.

그럴 때는 눈물을 삼키고

감사를 선택하는

능력을 구비할 수 있어야 한다.

"오늘 우리에게 일용할 양식을 주시옵고"(마 6:11).

여기에는 여러 가지 깊은 의미가 담겨 있다.

먼저는 일용할 양식을 공급해주시는

주님에 대한 신뢰도 포함되어 있지만,

그와 함께 오늘 내게 일용할 양식이 주어졌을 때

그것으로 자족할 수 있는

감사의 태도가 포함되어 있다.

우리의 언어가 변질되지 않게 하려면
감사를 선포해야 한다.
이 감사는 사람에게 하는 감사가 아니라
하나님의 은혜에 대한 감사를 뜻한다.
하나님을 향한 감사를 선포하는 것이
입술의 타락을 막는 능력이라는 것이다.

내가 알거니와 여호와는

고난 당하는 자를 변호해주시며

궁핍한 자에게 정의를 베푸시리이다

진실로 의인들이 주의 이름에 감사하며

정직한 자들이 주의 앞에서 살리이다

시 140:12,13

환경을 초월하는 능력,
바로 이것이 깊은 감사를
누리는 사람들이 받는
혜택 중의 혜택이다.
어떤 상황 속에서도
마음의 평안과 기쁨을
빼앗기지 않는 능력을
갖게 되는 것이다.

바울의 말처럼 자족은 배우는 것이다.

타고나는 게 아니다.

자족은 훈련하는 것이다.

우리에게 다가오는

여러 가지 현실적인 아픔과 어려움이

자족을 배우는 도구로 사용되기를 바란다.

감사는 표현하지 않으면

잃어버리게 된다.

그러므로 작은 것일지라도

우리 안의 감탄을

감사로 쏘아낼 수 있기를 바란다.

우리는 어떤가?

주신 만 가지를 두고

안 주신 한 가지를 찾아내는 데

선수들 아닌가?

갖지 못한 그 한 가지 때문에

받은 만 가지에 대해

생각할 겨를이 없는 것은 아닌가?

주께서 생명의 길을 내게 보이시리니

주의 앞에는 충만한 기쁨이 있고

주의 오른쪽에는 영원한 즐거움이 있나이다

시 16:11

8

August

give thanks

우리는 가족에게조차 사랑의 말,

격려의 말을 하는 데 인색하다.

들이마신 기쁨을 마음껏 내뱉어야 한다.

가족에게, 친구에게,

이웃에게, 회사 동료에게

기쁨을 표현하고 마음을 전하고

격려함으로써 기쁨을 내뱉을 때

우리 안에 기쁨이 증폭될 것이다.

우리가 드리는 감사의 맨 위에

좋은 사람을 붙여주신 것에 대한

감사가 있었으면 좋겠다.

좋은 배우자 주신 것,

좋은 교회에서 좋은 만남을 허락해주신 것,

하나님이 우리에게 허락하신

사람에 대한 감사가 풍성하게 넘쳐나기를 바란다.

6

June

give thanks

우리 하나님이여

이제 우리가 주께 감사하오며

주의 영화로운 이름을 찬양하나이다

대상 29:13

비가 오면 우리의 계획을 바꾸면 된다.

그러면 비가 와도 감사,

비가 안 와도 감사 아니겠는가?

우리 계획을 변경하기 싫어서

하나님께 계획을 바꾸시라고 요청하는 것이

정말 하나님 뜻에 맞는 기도일까

한번 생각해봐야 한다.

상황과 대상은 각각 다르지만

바울은 감옥에서 한결같은 태도로

자기 주변의 성도들을 향해

감사를 피력하고 있었다.

바울의 이런 태도 때문에

그는 감옥에서도 울분과 분노가 아니라

마치 수도원 뒤뜰을 거니는 것 같은

평온함을 누릴 수 있었다.

내가 궁핍하므로 말하는 것이 아니니라
어떠한 형편에든지 나는 자족하기를 배웠노니
나는 비천에 처할 줄도 알고 풍부에 처할 줄도 알아
모든 일 곧 배부름과 배고픔과 풍부와 궁핍에도
처할 줄 아는 일체의 비결을 배웠노라

빌 4:11,12

내 옆에 누가 있느냐가 내 인생을 결정한다.

우리가 복음으로 변화되면 그 무엇보다,

물질이나 환경보다 사람이 소중하다는 것,

사람으로 인해

감사가 흘러나온다는 것을 깨닫게 된다.

인생은 내버려두면 무질서하다.

기쁜 일이 있다가 슬픈 일이 생기고,

금방 좋아졌다가도 금방 낙심한다.

하지만 이런 혼미한 우리 인생에

하나님을 개입시키고 나면

하나님이 무질서한 것들을 정리해주신다.

우리 내면의 온갖 추잡한 것,

악한 말을 안 하려고 애쓰지 말고

하나를 회복하면 된다.

오히려 감사하는 말을 하라.

감사하는 말이 지닌 능력,

그것이 엄청나다고 성경은 말한다.

전능자는 원어로 '샤다이'이다.
오늘 우리의 삶에서 물고기를 쫓아내셔도
'샤다이의 하나님'의 역사이며,
우리 삶에 물고기가 마구 몰려와도
'샤다이의 하나님'의 역사이다.
전체를 바라보는 눈으로
하나님을 볼 수 있어야 한다.

바울에게는 가변적이고 물질적이고

외적인 감사가 아니라,

하나님이 주신 아름다운

동역자에 대한 감사가 있었다.

그래서 세상의 물결에 따라 흔들리지 않는

감사를 드릴 수 있었다.

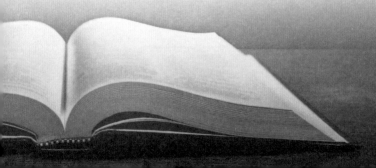

절망을 통과할 때는 극심한 고통을 겪는다.

사랑하는 딸의 사고 소식을 들은 아버지도 그랬다.

낙심하고 좌절했다.

그 좌절된 마음으로 내내 하나님 앞에 기도했다.

그랬더니 그 위기 가운데 위로해주시는

하나님의 은혜를 경험했다.

극심한 절망 중에는 절망이 큰 만큼

도와주시는 하나님의 위로와 은혜도

크다는 사실을 깨달은 것이다.

내 영혼을 옥에서 이끌어 내사

주의 이름을 감사하게 하소서

주께서 나에게 갚아 주시리니

의인들이 나를 두르리이다

시 142:7

여호와께 감사하고

그의 이름을 불러 아뢰며

그가 하는 일을 만민 중에 알게 할지어다

시 105:1

우리의 인생이

옆에 있는 사람에게

감사의 제목이 될 수 있기를,

또한 그 사람이 우리 인생의

감사 제목이 될 수 있기를.

감사할 일들이 있을 때 감사하는 것도

귀하고 중요하지만,

거기서 한 걸음 더 나아가

감사할 수 없는 상황에서도,

내 상식으로나 이성으로는

감사할 수 없는 조건일지라도

그분을 믿음으로 감사하는 것이

중요한 태도이다.

형제들아 우리가 너희를 위하여

항상 하나님께 감사할지니

이것이 당연함은 너희의 믿음이 더욱 자라고

너희가 다 각기 서로 사랑함이 풍성함이니

살후 1:3

하나님의 영광을 구할 때

우리에게 내적인 능력이 충만히 임한다.

그래서 바울처럼 감옥이라는 열악한 환경에서도

여전히 기뻐하며 감사할 수 있는

능력 있는 삶을 살 수 있게 되는 것이다.

예수 믿는 우리가 누릴 수 있는

강력한 특권 중 하나는

우리 삶에 어려움이 찾아올 때

그 문제를 함께 풀어갈 동역자가 있다는 사실이다.

혼자 할 수 있는 일은 많지 않다.

그렇기 때문에 우리에게도 다니엘과 함께했던

세 친구와 같은 동역자가 필요하다.

다니엘이 이 조서에

왕의 도장이 찍힌 것을 알고도

자기 집에 돌아가서는 윗방에 올라가

예루살렘으로 향한 창문을 열고

전에 하던 대로 하루 세 번씩

무릎을 꿇고 기도하며

그의 하나님께 감사하였더라

단 6:10

바울이 어느 날 갑자기

골로새교회 성도들로 인해

감사하게 된 것이 아니다.

그들을 위하여 중보기도할 때,

그들의 영혼을 위하여 기도하니까

그들로 인한 감사가 나온 것이다.

우리가 다 하나님께서
허락해주신 것들에 감사할 수 있기를,
뿐만 아니라 그 자리에 머물지 말고
상황과 환경에 상관없이
감사할 조건이 없을 때도
하나님께 감사할 수 있는
더 깊은 감사의 자리로
나아갈 수 있게 되기를….

문득 자족으로 얻는 감사도 필요하지만,

무엇을 감사하느냐도 중요하다는 생각이 들었다.

무엇을 가지고 어떤 감사를 하느냐가

그 사람의 실력이요, 그 사람의 본질이기 때문이다.

만일 우리의 감사가

물질적인 것, 명예적인 것에 머물러 있다면

그것이 우리의 현주소인 것이다.

밤새도록 그물질을 했지만

고기 한 마리 잡지 못한 베드로에게 예수님은

"얕은 데서 그러지 말고

깊은 데로 가서 그물을 던져라"라고 말씀하셨다.

어찌 보면 감사와 아무 연관도 없는

이 한마디 말씀을 통해 나는

두 종류의 감사가 있다는 사실을 알게 되었다.

그것은 얕은 감사와 깊은 감사이다.

엿새 내내 세상에서

어둡고 우울하게 지내며

겨우겨우 버티며 살다가도,

주일에 모여 기쁨에 겨워 함께 춤을 추고

감격할 수 있는 공동체가 있다는 것은

얼마나 감사한 일인가?

다니엘의 감사는 본능이 아니다.

축적된 감사에서 나오는 영적 내공이다.

무슨 근거로 이런 말을 할 수 있는가?

응답받은 후에 하는 감사는 본능이다.

하나님이 위기를 모면하게 도우셨을 때

나오는 감사는

애쓰지 않아도 저절로 나오는 것이다.

그러나 다니엘의 감사는 그런 감사가 아니었다.

그러므로 내가 첫째로 권하노니

모든 사람을 위하여

간구와 기도와 도고와 감사를 하되

딤전 2:1

우리로 하여금 빛 가운데서

성도의 기업의 부분을 얻기에

합당하게 하신 아버지께

감사하게 하시기를 원하노라

골 1:12

감사가 없는 사람,

감사할 조건이 있을 때만 감사하는 사람,

환경을 초월하여 감사하는 사람.

당신은 이 셋 중에 어떤 사람인가?

바울은 어떤 상황이 주어지든지
그 상황을 '자족을 배우는 도구'로
승화시켜왔다.
염려가 찾아올 때,
그 염려를 기도의 재료로
그리고 감사의 재료로
바꾸어버리겠다는 것이다.

요즘 인복이 중요하다고 하는데

인복은 감사하는 사람에게 온다.

감사하는 사람에게 인복이 찾아온다.

우리의 문제가 무엇인가?

기도를 안 하는 것도 문제이지만,

더 큰 문제는 바로 기도의 내용이다.

내가 원하는 것만 요청한다.

기도가 무엇인가?

하나님 앞에 내 관점을 내려놓을 수 있는

힘과 능력을 달라고 부르짖는 것이

기도 아닌가?

사도 바울을 떠올리며

그가 왜 깊은 하나님의 사람인가 생각해봤더니,

그의 감사 제목이 우리와는 달랐던 것을 알 수 있었다.

대부분의 경우, 바울의 감사 제목은

물질이 아니라 사람이었다는 것이다.

여호와여 주께서 지으신

모든 것들이 주께 감사하며

주의 성도들이 주를 송축하리이다

시 145:10

백성과 더불어 의논하고 노래하는 자들을 택하여

거룩한 예복을 입히고 군대 앞에서 행진하며

여호와를 찬송하여 이르기를 여호와께 감사하세

그의 인자하심이 영원하도다 하게 하였더니

대하 20:21

우리의 행복은

내게 주어진 외적인 환경에 달린 것이 아니라,

그 상황 자체로 하나님께 감사할 때

주어지는 것임을 새삼 깨닫게 되었다.

우리는 너 나 할 것 없이 다 약하다.

약해도 너무 약한 게 우리다.

이런 약하디약한 인간들끼리

모여 있는 곳이 교회이기에,

하나님의 긍휼하심을 경험해야 한다.

그리고 그 긍휼하심의 은혜에 대한

감사와 감격으로 이웃을 긍휼히 여겨야 한다.

우리가 살아가다

해결하기 어려운 힘든 일이 찾아올 때

예전에 응답해주신 하나님의 은혜를 기억하며

미리 감사로 나아갈 수 있다면

'하나님과의 주거니 받거니'가 이루어지는

인생이 될 줄 믿는다.

기도 제목이 바뀌어야 한다.

신앙의 성숙이란,

온통 자기에만 집중하는 삶에서

한 걸음 한 걸음

바울의 삶으로 옮겨가는 것이다.

기왕 '짐을 지고 사는 것'이 인생이라면,
죄 짐을 지고 허덕이는 초라한 인생이 아니라
사명의 짐을 지며 나아가는 인생이 되게 해주시길
기도할 수 있길 바란다.
이것이 감사 기도다.

에스더에게는 위기의 순간에
'나를 위하여 금식 기도해달라'고 부탁할 수 있는
모르드개가 있었다.
위기의 순간에 함께할 동역자가 있다는 것이
얼마나 감사한 일인지 모른다.

찬양으로 화답하며 여호와께 감사하여 이르되

주는 지극히 선하시므로 그의 인자하심이

이스라엘에게 영원하시도다 하니

모든 백성이 여호와의 성전 기초가 놓임을 보고

여호와를 찬송하며 큰 소리로 즐거이 부르며

스 3:11

내가 제대로 예수를 믿고 변화된 후에

진짜 달라진 것이 있다면 나 자신을 바라보는 눈길이다.

나는 제대로 은혜를 받기 전에는

'걸어 다니는 열등감'이었다.

내 삶 자체가 열등감이었다.

그런데 제대로 은혜를 받자

하나님께서 만드신 존재로서의

존귀한 나 자신이 느껴지기 시작했다.

어떤 화려한 외적 상황이나 조건이

감사 제목이 아니었다.

그저 하나님이 지금까지

어떤 은혜를 베풀어주셔서

내가 이 자리에까지 올 수 있었는지

생각하며 하나님께 감사하자

'주님 한 분만으로 만족한다'는 고백이

절로 찬양이 되어 흘러나왔다.

너희도 우리를 위하여

간구함으로 도우라

이는 우리가 많은 사람의

기도로 얻은 은사로 말미암아

많은 사람이 우리를 위하여

감사하게 하려 함이라

고후 1:11

똑같은 현실이지만

어떤 눈으로 보느냐에 따라

원망과 불평으로 행할 수도,

기쁨과 감사함으로

행할 수도 있는 게

인생이다.

세상 사람들이 보편적으로 가지고 있는 복의 개념은

물질적이고, 가시적이며, 땅의 것이다.

이 복을 누리는 것도 물론 좋은 일이다.

하지만 하나님의 관점으로는

그런 육체적이고 물질적인 복은

차원이 낮은 복임을 잊어서는 안 된다.

그러므로 너희가

그리스도 예수를 주로 받았으니

그 안에서 행하되

그 안에 뿌리를 박으며 세움을 받아

교훈을 받은 대로 믿음에 굳게 서서

감사함을 넘치게 하라

골 2:6,7

감사 운동을 이웃에게 전수해야 한다.

나만 고치는 것이 아니라

함께 고쳐가는 것이다.

혼자가 아니라 감사의 물결을 만들어

함께 가야 한다.

일이 잘 풀리고 성공적인 삶을 사는데

밤낮 기뻐하지 않을 사람이 누가 있을까?

그러나 지금 분명히 고난과

실패의 길을 걷고 있는데

그런 상황에서도 낙심하지 않고

밤낮 기뻐할 수 있는 것,

이것이 신앙생활이 주는 힘이다.

예수님을 믿는 우리가 혼자 개별적으로

하나님께 나아가지 않고

공동체적으로 교회를 이루어

예배하고 찬양하게 하신 데에는 이유가 있다.

'함께의 기쁨'을 누리라는 것이다.

우리가 생각의 경직을 깨뜨리고 주변을 돌아보면

정말 복된 만남이 바로 내 옆에 있다는 것을

발견하게 될 것이다.

호의를 베풀지 않는 것도

나쁜 태도이지만,

호의를 베풀 때

그것을 감사함으로 받지 못하는 것도

나쁜 태도이다.

나는 무엇으로 인해 감사하는가?

돈 많은 것 때문에 감사하는가?

좋은 차 때문에 감사하는가?

사람으로 인한 감사가 있어야 한다.

바울이 예수님을 만난 후에

결정적으로 변화된 것이

바로 사람을 소중히 여기는

마음이 생긴 것이다.

우리도 한나처럼 하나님께서 주신

기도 응답 때문에 기뻐하는 것보다

우리의 기도를 들어주시는

하나님의 존재 그 자체로 말미암아

기뻐할 줄 아는 성숙한 태도를 가져야 한다.

우리가 이 기쁨을 누리지 못하기 때문에

우리의 기쁨은 늘 얕은 기쁨이다.

누추함과 어리석은 말이나

희롱의 말이 마땅치 아니하니

오히려 감사하는 말을 하라

엡 5:4

지금 내 안에 감사가 흐르고 있는가?
감사는 우리의 영적인 상태를 점검하는
잣대임을 기억하자.

나는 물질이나 명예와 같이

가변적인 것에 대한 감사만 넘치는 사람들이

갑자기 요동치는 것을 많이 보았다.

장사가 잘되고 사업이 잘될 때는

풍성한 감사를 누리지만,

그렇지 않을 때는

감사가 곤두박질치는 것이다.

주의 성도들아 여호와를 찬송하며

그의 거룩함을 기억하며 감사하라

그의 노염은 잠깐이요

그의 은총은 평생이로다

저녁에는 울음이 깃들일지라도

아침에는 기쁨이 오리로다

시 30:4,5

감옥 안에서조차 바울은

사랑으로 인한 감사와 감격이 넘쳤다.

바울이 달리 부러운 게 아니라,

그가 감옥 안에서조차

행복을 잃지 않은 비결이

사람을 향한 사랑에 있었다는 점에서 부럽다.

우리는 왜 넉넉함을 가지기 어려울까?

왜 이렇게 안달복달할까?

왜 이렇게 환경에 함몰되어

날마다 온탕과 냉탕을

왔다 갔다 하며 살아야 할까?

우리의 감사가

얕은 수준에 머물러 있기 때문이다.

"사람이 꽃보다 아름다워"라는

유행가 가사처럼

사람이 꽃보다 아름답고

꽃보다 향기롭다는 것을 인식하는 인생,

다른 감사의 제목들을 다 합쳐도

아름다운 사람 하나 만난 것보다 못함을

인식하는 인생은 행복하다.

기쁨이 넘친다.

우리는 형통한 날에는

하나님께 감사하고 기뻐해야 하며,

곤고한 날에는 왜 이런 일이 일어났는지,

이것을 통해 하나님께서 나에게

무슨 말씀을 하고 계신지를 생각해야 한다.

7

July

give thanks

이찬수 목사의 <u>감사</u> 시리즈

153 **감사노트**(100일간의 감사기록 노트)

일러두기

《이찬수 목사의 감사 365》는 《감사》를 비롯하여 《세상에서 믿는 자로 산다는 것》, 《오늘을 견뎌라》, 《죽으면 죽으리이다》, 《아는 것보다 사는 것이 중요하다》, 《복음으로 산다》, 《보호하심》, 《오늘 살힘》, 《삶으로 증명하라》, 《아이덴티티 : 예수 안에 있는 자》, 《에클레시아 : 부르심을 받은 자들》, 《내가 어찌 너를 버리겠느냐》, 《기도하고 통곡하며》, 《붙들어주심》, 《처음 마음》, 《일어나라》, 《이번만 나를 강하게 하사》 등 이찬수 목사님의 저서에서 매일 감사를 깊이 묵상할 수 있도록 좋은 글들을 발췌했습니다.

이찬수

감사 목회를 선언한 후로 감사 운동을 펼치고 있는

분당우리교회 담임목사.

그는 감사할 것이 전혀 없는 것 같은 상황에서도

쥐어짜듯 감사할 때 하나님의 놀라운 은혜와 기적을

경험할 수 있다고 선포한다.

결단과 훈련을 통해 감사가 우리 삶의 습관과 태도가 된다면,

어떤 상황에서도 우리는 마음의 기쁨과 감격을

잃어버리지 않을 수 있다.

저서로 《감사》, 《153 감사노트》(믿음, 소망), 《세상에서 믿는 자로 산다는 것》,
《아는 것보다 사는 것이 중요하다》, 《복음으로 산다》, 《이번만 나를 강하게 하사》 등이 있다.

분당우리교회 www.woorichurch.org